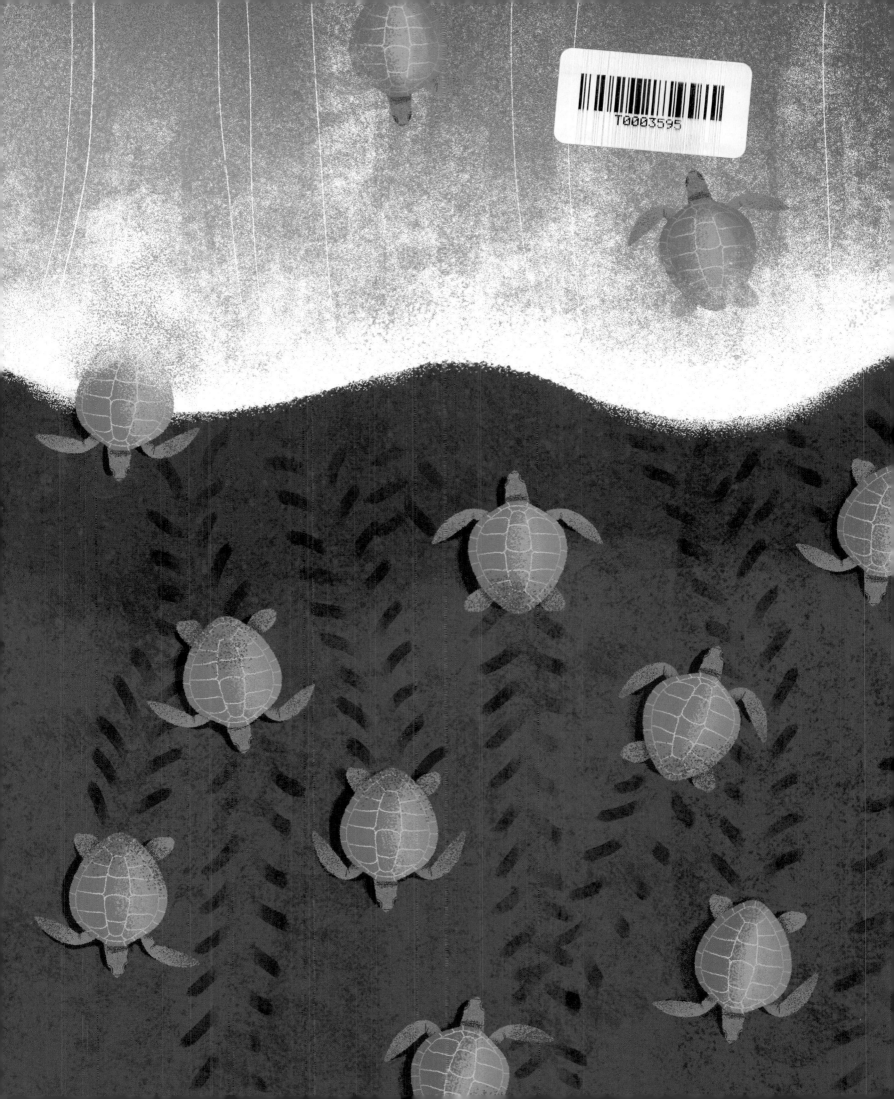

La primera vez que vi la cámara de un nadador chocar con el hocico de un tiburón fue en 1956. Estaba trabajando para la BBC cuando un montador entró entusiasmado desde la sala de al lado. Me pidió que mirara algo especial. Allí, en la parpadeante pantalla de su máquina de montaje, estaba la imagen de un enorme tiburón. Acto seguido, pulsó un botón. El tiburón cobró vida y nadó directamente hacia la cámara. Vi las hileras de colmillos blancos y triangulares de sus mandíbulas. Se acercó más y más, hasta que su cabeza llenó la pantalla. La cámara dio una sacudida y el costado gris del animal apareció fugazmente antes de desaparecer en la oscuridad.

La escena la grabó un joven biólogo vienés llamado Hans Hass en el Mar Rojo. Hans estaba rodando la primera serie submarina producida por la BBC. Cuando se estrenó en las pantallas, causó sensación. Desde entonces, han cambiado muchas cosas: las cámaras subacuáticas son mucho más pequeñas y permiten grabar horas de material sin necesidad de recarga. Son tan sensibles que pueden grabar imágenes a gran profundidad, donde no llegan los rayos del sol y la única luz visible es la que proyectan las criaturas del fondo marino en la oscuridad más absoluta. Hoy día, prácticamente no hay ninguna parte de los océanos que no podamos explorar.

Al final del milenio, unos equipos de la unidad de Historia Natural de la BBC empezaron a trabajar en una serie llamada *Planeta Azul*. Fue un éxito arrollador, pero una sola serie no podía abarcar todo el mundo submarino. Y, ahora que se pueden introducir cámaras hasta casi cualquier rincón de los océanos, ¿podríamos descubrir nuevas historias?

Hemos viajado por todo el mundo, desde las aguas cálidas de los trópicos hasta las más frías, en los polos, para explorar cómo se desarrolla la vida bajo las olas. Las cámaras subacuáticas han cambiado muchísimo desde que aquel tiburón golpeó la cámara con su hocico, pero nuestro Planeta Azul aún contiene animales extraordinarios. Es un lugar tan asombroso como frágil. Hay mucho que aprender y mucho que proteger. Ahora, prepárate para que *Planeta Azul II* te sorprenda con prodigios que no puedes ni imaginar.

SIR DAVID ATTENBOROUGH

PLANETA
AZUL
II

Combel Editorial es un sello de Editorial Casals, SA
Título original: *Blue Planet II*
Primera edición en Gran Bretaña en 2020 por Puffin Books
Puffin Books forma parte del grupo Penguin Random House
One Embassy Gardens, 8 Viaduct Gardens, London SW11 7BW, UK

Texto de Leisa Stewart-Sharpe
© 2020, Children's Character Books Ltd por el texto y el diseño
© 2020, Emily Dove por las ilustraciones
© 2020, David Attenborough por la introducción
BBC y BBC Earth (nombres y logos) son marcas registradas de British Broadcasting Corporation y han sido usadas bajo licencia.
BBC logo © 1996, BBC Earth logo © 2014

© 2021, Daniel Cortés Coronas por la traducción

© 2021, de esta edición, Editorial Casals, SA
Casp, 79 – 08013 Barcelona
combeleditorial.com
Segunda edición: abril de 2023
ISBN: 978-84-9101-864-3
Depósito legal: B-13981-2021
Impreso en China
LP/10452451/Jan2023

MIXTO
Papel procedente de
fuentes responsables
FSC
www.fsc.org
FSC® C018179

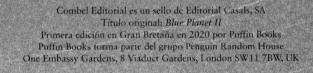

BBC

PLANETA AZUL II

LEISA STEWART-SHARPE y **EMILY DOVE**
Traducción de **DANIEL CORTÉS CORONAS**

COMBEL

ESTE ES EL PLANETA TIERRA

Una hermosa canica azul suspendida en un mar de estrellas. A diferencia de otros miles de millones de planetas de la Vía Láctea, el 71% de la Tierra está cubierta por océanos.

Son el hogar de la mayor diversidad de vida en la Tierra y, sin embargo, son el hábitat menos explorado; tenemos mejores mapas de Marte que del lecho marino.

Aunque aún falta mucho por aprender y más de un millón de especies por descubrir, sabemos que los océanos alimentan este Planeta Azul, nuestro único hogar. Unas diminutas plantas marinas producen más de la mitad del oxígeno del mundo, el océano absorbe el dióxido de carbono que hace que nuestro planeta se caliente y miles de millones de personas dependen de la vida marina para sustentarse. Si nuestros océanos no sobreviven, nosotros tampoco.

Únete a nosotros en este viaje por el Planeta Azul. Adéntrate en las profundidades, en cuya oscuridad habitan criaturas que superan la imaginación más desbordante. Explora los arrecifes de coral, que brillan con colores caleidoscópicos. Echa un vistazo a las marañas de raíces y a las frondas de nuestros bosques submarinos. Contempla el ajetreo de nuestras costas, cuyos charcos tienen horas punta. Deja atrás el bullicio y cámbialo por las aguas abiertas del Gran Azul.

Sigue leyendo para descubrir las maravillas de nuestro Planeta Azul y todo lo que puedes hacer para proteger la vida salvaje que hay bajo las olas.

EL OCÉANO

En nuestro océano hay grandes fuerzas en juego. En este lugar de constante movimiento, las mareas tiran, las corrientes giran y las olas chocan. Pero otra fuerza creciente –el cambio climático– está alterando nuestro Planeta Azul a una velocidad mucho mayor que nunca antes en la historia de la humanidad.

TODO FLUYE

Tenemos un solo mar, conectado por la cinta transportadora del océano global. Igual que nuestra sangre bombea por todo el cuerpo, esta red de profundas corrientes actúa como sistema circulatorio del océano, moviendo lentamente el calor y el alimento por todo el planeta. Las aguas frías y ricas en nutrientes se hunden hacia las profundidades, desde donde se extienden por todo el océano para ser sustituidas por aguas cálidas y superficiales que fluyen del ecuador a los polos. Ese proceso crea un clima favorable para la vida.

EL TIRA Y AFLOJA DE LAS MAREAS

El océano asciende y desciende dos veces al día, con el movimiento de rotación del planeta. La parte de la Tierra más cercana a la Luna se expande, ya que la gravedad del satélite tira hacia sí del océano. Eso eleva el nivel del mar y crea la marea alta. Al mismo tiempo, en el lado de la Tierra más alejado de la Luna, el océano es empujado en dirección opuesta, desde el centro del planeta, creando otra marea alta. En los lugares intermedios, el nivel del mar desciende, creando una marea baja.

HOLA, OLA

Las olas ganan fuerza conforme viajan desde el mar. Crecen y aceleran antes de derrumbarse en una estruendosa nube de espuma salada. Se han registrado casos de olas de más de 30 metros (la altura de diez pisos).

Norteamérica

BAHÍA DE MONTERREY

PALM BEACH

BOSQUES DE ALGAS DE NORTEAMÉRICA

CIUDAD PERDIDA

OCÉANO PACÍFICO

Sudamérica

OCÉANO ATLÁNTICO

GEORGIA DEL SUR

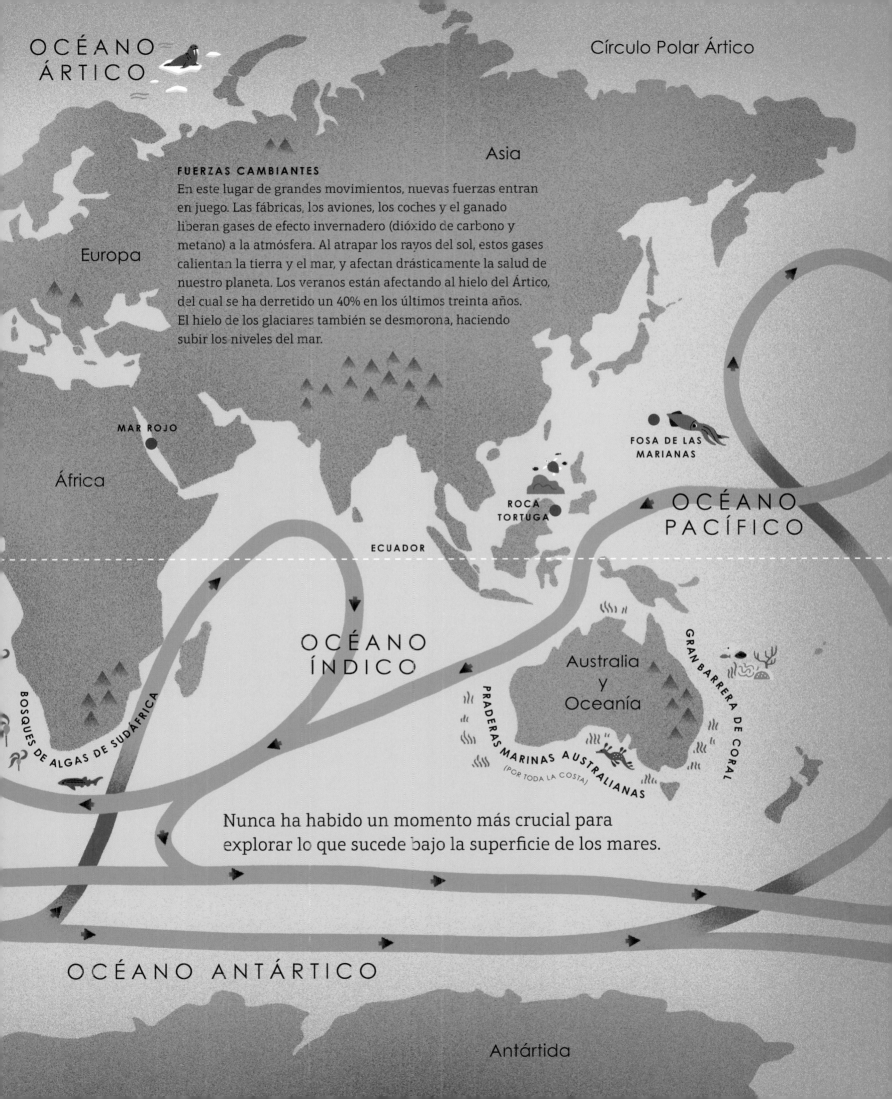

OCÉANO
ÁRTICO

Círculo Polar Ártico

Asia

Europa

FUERZAS CAMBIANTES

En este lugar de grandes movimientos, nuevas fuerzas entran
en juego. Las fábricas, los aviones, los coches y el ganado
liberan gases de efecto invernadero (dióxido de carbono y
metano) a la atmósfera. Al atrapar los rayos del sol, estos gases
calientan la tierra y el mar, y afectan drásticamente la salud de
nuestro planeta. Los veranos están afectando al hielo del Ártico,
del cual se ha derretido un 40% en los últimos treinta años.
El hielo de los glaciares también se desmorona, haciendo
subir los niveles del mar.

África

MAR ROJO

FOSA DE LAS
MARIANAS

ROCA
TORTUGA

OCÉANO
PACÍFICO

ECUADOR

OCÉANO
ÍNDICO

Australia
y
Oceanía

GRAN BARRERA DE CORAL

BOSQUES DE ALGAS DE SUDÁFRICA

PRADERAS MARINAS AUSTRALIANAS
(POR TODA LA COSTA)

Nunca ha habido un momento más crucial para
explorar lo que sucede bajo la superficie de los mares.

OCÉANO ANTÁRTICO

Antártida

LAS PROFUNDIDADES

EL LÍMITE DE LO DESCONOCIDO

Mucho más allá del alcance del sol, un mundo insólito se oculta bajo las olas. Bienvenidos a las profundidades. En este mundo extraño pero real, hay peces con pies y algunos animales pueden pasarse un año sin comer. Sorprendentemente, aquí hay más vida que en ningún otro lugar de la Tierra. Así que respira hondo y sumérgete en las profundidades...

Las profundidades marinas son inmensas. Tanto, que superan a todos los demás hábitats juntos. Más allá de las aguas iluminadas por el sol, se halla la frontera de lo desconocido: la **ZONA CREPUSCULAR**. Es sombría, fría y con una presión aplastante. ¿Cómo puede sobrevivir nada allí?

En cuanto desaparece el último vestigio de luz... se ve un brillo en la oscuridad. Un **CALAMAR DE HUMBOLDT** gigante pasa del color blanco al rojo, golpeando con sus potentes ventosas antes de desaparecer en una cortina de tinta. Y no está solo: por extraño que parezca, el 90% de los peces marinos habitan en la zona crepuscular.

PEZ LINTERNA

PEZ ESPADA

PIROSOMA

CALAMAR DE HUMBOLDT

En la **ZONA DE MEDIANOCHE** hay criaturas propias de una pesadilla, como este temible **PEZ CON COLMILLOS**, que puede engullir a un pez de un tercio de su tamaño. En este lugar de eterna oscuridad, muchas criaturas producen su propia luz mediante bioluminiscencia. Brillan y giran, proyectando un espectáculo de luces sobre el fondo marino.

CAÑABOTA

PEZ CON COLMILLOS

MEDUSA

PEPINO DE MAR

Copos de desechos orgánicos caen como la nieve, alimentando a todos los animales, desde **MEDUSAS** hasta **PEPINOS DE MAR** que se abren como sombrillas. Lo que sobra se asienta en la **ZONA ABISAL**.

Pero esto no es aún el fondo.

RAPE BOSTEZADOR

En algunas partes del océano, las profundidades descienden aún más, a las zanjas de la **ZONA HADAL**. El ser humano ha explorado más los confines del espacio que esta parte del océano. Allí abajo, es otro mundo.

Aguanta la respiración... vamos a conocer algunas de las criaturas de las profundidades.

RELATOS
DE LAS PROFUNDIDADES

LAGOS MORTALES

Cuando los seres vivos se pudren, producen de forma natural un gas llamado **METANO**, que crea erupciones en el lecho oceánico, como si fueran cohetes despegando. En el Golfo de México, esas erupciones emiten un líquido salado llamado **SALMUERA**.

La salmuera suele ser más salada que el agua que la rodea, tanto, que pesa cinco veces más, y se desliza sobre el fondo oceánico formando unos «lagos» de aspecto inquietante. Pero no los mires muy de cerca…

porque son trampas mortales.

Su alto contenido en sal es tóxico para la mayoría de los animales y los que entran en esta zona se arriesgan a una muerte dolorosa. Pero los lagos también son tentadores: están rodeados de una deliciosa barrera de mejillones gigantes que son irresistibles para las **ANGUILAS DE BRANQUIAS BAJAS**.

Las anguilas se arriesgan y nadan hasta el lago. Algunas sufren un shock tóxico y, en una horrible exhibición acrobática, se retuercen formando nudos. Una acróbata queda atrapada.

Da un giro,
y luego se da la vuelta.
¿Logrará escapar?

Tras retorcerse una vez más, la anguila sale de la mortífera salmuera. Aún no ha llegado su hora.

EL AMOR EN UNA CASA DE CRISTAL

Las profundidades ocultan jardines sumergidos, con corales de aguas frías
en forma de plumas y árboles, y una esponja hecha de cristal: la delicada
CESTA DE FLORES DE VENUS.

Dos **CAMARONES** han sido arrastrados por el amor.

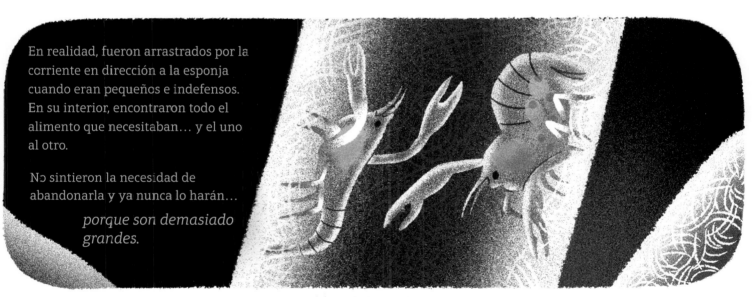

En realidad, fueron arrastrados por la
corriente en dirección a la esponja
cuando eran pequeños e indefensos.
En su interior, encontraron todo el
alimento que necesitaban… y el uno
al otro.

No sintieron la necesidad de
abandonarla y ya nunca lo harán…
*porque son demasiado
grandes.*

Pero sus pequeñas larvas sí se marcharán, deslizándose entre los
agujeros de la esponja…
para explorar el ancho océano.

LA CENA ESTÁ LISTA

Cuando la comida cae en las profundidades, todo tipo de criaturas entran en acción en la oscuridad. Es difícil encontrar comida ahí abajo, así que cuando un **CACHALOTE** putrefacto, que pesa tanto como un camión, se hunde casi 800 metros hasta el lecho marino, a su alrededor se crea un frenético festín.

Las **CAÑABOTAS** pueden pasarse un año sin comer, así que se abalanzan sobre la cena como adolescentes hambrientos.

En menos de 24 horas, un tercio del cadáver ha desaparecido y los famélicos tiburones ya están satisfechos.

Entonces llega la brigada de limpieza. Los **CANGREJOS DE ROCA** y los **CANGREJOS ARAÑA** se unen a más de 30 especies de carroñeros para acabar de apurar los huesos.

Las noticias del banquete han llegado a otro cazador de las profundidades: el **PEZ SABLE**, parecido a la anguila. Apenas visible, nada hacia arriba, acercándose

más

y

más.

GOLPEA,

atrapando a los pequeños carroñeros con sus dientes con forma de aguja.

Cuatro meses más tarde solo queda el esqueleto… y entonces llega el turno de los zombis. Los **GUSANOS ZOMBI** inyectan ácido para adentrarse en los huesos y chupar los nutrientes de su interior.

La cena del lecho marino ha terminado: no se ha desperdiciado ni una migaja.

LOS HABITANTES
DE LAS PROFUNDIDADES

¡QUÉ OJOS MÁS GRANDES TIENES!

La luz de arriba apenas llega a las oscuras aguas de la zona crepuscular. Para muchos de sus habitantes, ¡cuanto más grandes tengas los ojos, mejor!

Los ojos del **PEZ ESPADA**, grandes como pelotas de tenis, se calientan… para poder verte mejor en las turbias profundidades.

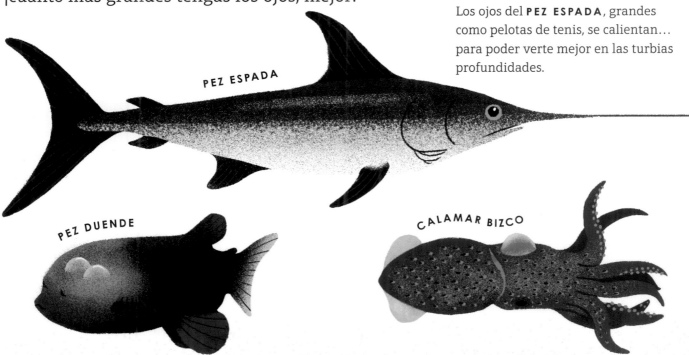

PEZ ESPADA

PEZ DUENDE

CALAMAR BIZCO

El **PEZ DUENDE** tiene unos ojos tubulares en el interior de su cabeza transparente. Son perfectos para detectar apetitosas presas nadando encima, como las medusas.

El llamativo ojo izquierdo del **CALAMAR BIZCO** es dos veces más grande que el derecho. El izquierdo mira hacia arriba y el derecho hacia abajo.

¡QUÉ TENTÁCULOS MÁS GRANDES TIENES!

Los gelatinosos **SIFONÓFOROS** son como unas enormes y mortíferas redes de pesca. Tienen unos tentáculos venenosos que capturan pequeños crustáceos, y son los seres más largos del planeta. Los sifonóforos pueden llegar a los cuarenta metros de largo (más que una ballena azul).

Con dos metros de longitud, el **CALAMAR DE HUMBOLDT** es grande como una persona. Este cazador hambriento se abalanza sobre su presa con sus potentes tentáculos y su pico afilado.

¡QUÉ LUCES MÁS BRILLANTES TIENES!

Igual que las luciérnagas brillan en tierra firme, muchos animales del fondo marino usan la bioluminiscencia para iluminar la penumbra de las profundidades. Unas reacciones químicas permiten a estos seres producir unas luces que asustan a los depredadores, llaman a las parejas… ¡y atraen a sus presas!

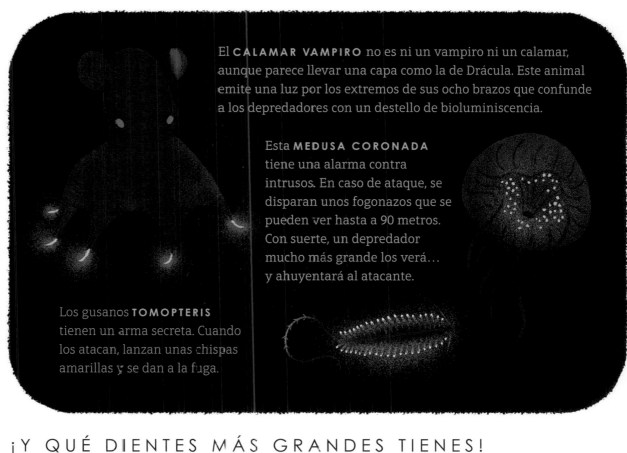

El **CALAMAR VAMPIRO** no es ni un vampiro ni un calamar, aunque parece llevar una capa como la de Drácula. Este animal emite una luz por los extremos de sus ocho brazos que confunde a los depredadores con un destello de bioluminiscencia.

Esta **MEDUSA CORONADA** tiene una alarma contra intrusos. En caso de ataque, se disparan unos fogonazos que se pueden ver hasta a 90 metros. Con suerte, un depredador mucho más grande los verá… y ahuyentará al atacante.

Los gusanos **TOMOPTERIS** tienen un arma secreta. Cuando los atacan, lanzan unas chispas amarillas y se dan a la fuga.

¡Y QUÉ DIENTES MÁS GRANDES TIENES!

El **PEZ DEMONIO** es difícil de aventajar: si un camarón de las profundidades le lanza una cortina de humo de bioluminiscencia, enciende su linterna roja para escanear el área y lo ataca con sus dientes superafilados.

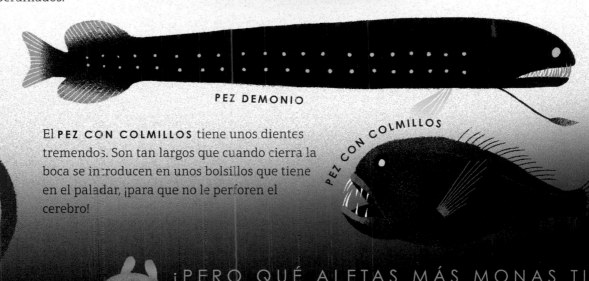

PEZ DEMONIO

El **PEZ CON COLMILLOS** tiene unos dientes tremendos. Son tan largos que cuando cierra la boca se introducen en unos bolsillos que tiene en el paladar, ¡para que no le perforen el cerebro!

PEZ CON COLMILLOS

¡PERO QUÉ ALETAS MÁS MONAS TIENES!

PULPO ADORABLE

Este es el **PULPO ADORABLE**. Este bonito pulpo en forma de paraguas tiene unos tentáculos rechonchos, unos grandes ojos y unas aletas que parecen orejas y que agita como si fueran alas.

LA VIDA EN LA CIUDAD PERDIDA

Antes de explorar las profundidades, los seres humanos nos preguntábamos si encontraríamos un desierto sin fin. Sin embargo, puede que hayamos descubierto el origen de la vida.

Bajo el entrechocar de olas, unos violentos volcanes están en erupción, rasgando el lecho oceánico. A medida que el agua fría se filtra por las grietas de roca hacia el ardiente centro de la Tierra, va arrastrando minerales y se calienta a unas temperaturas altísimas. Esta agua abrasadora vuelve a salir al frío océano cuatro veces más caliente que el agua hirviendo (400 ºC), y forma unas chimeneas llamadas «fuentes hidrotermales». Sorprendentemente, las fuentes hidrotermales pueden albergar tanta vida como una selva tropical: pueden dar cabida a medio millón de animales en un solo metro cuadrado.

En las aguas del océano Atlántico, hay una zona de fuentes muy elevadas conocida como la Ciudad Perdida. Los científicos han descubierto que en ella se están creando hidrocarburos, unas moléculas que son como los ladrillos de todos los seres vivos.

Se cree que la vida en la Tierra pudo haber comenzado en torno a una fuente como esta, hace unos cuatro mil millones de años. Si la vida puede nacer y florecer en condiciones tan extremas, quizás también exista en los confines más lejanos de nuestra galaxia.

LOS ARRECIFES DE CORAL
UN PASEO POR LA CIUDAD DE CORAL

Muy lejos de las profundidades, en las aguas tropicales poco profundas, unas ciudades secretas viven su hora punta bajo las olas. Estamos en el hábitat más vibrante del océano: los arrecifes de coral. Unos extravagantes peces y unos vistosos corales hacen brillar con miles de colores a estas ciudades de neón. El vecindario también es ruidoso, con constantes chasquidos de camarones, chirridos de erizos de mar y crujidos de peces.

DELFÍN DE NARIZ DE BOTELLA

Bancos de peces fluyen con la corriente, rozando los arrecifes de coral, mientras los **TIBURONES** y las **MANTARRAYAS** surcan las aguas sobre ellos.

LORO COTOTO VERDE

PEZ ANÉMONA ENSILLADO

«Se abre el telón, ¿qué película es?». ¡Todas! Aunque los arrecifes de coral cubren solo el 0,1% de todo el océano, una cuarta parte de todas las especies marinas viven en ellos… y aún faltan muchas otras por descubrir.

Aquí abajo, los animales viven unos encima de otros. Algunos se instalan en montículos coralinos tan altos como casas. Otros prefieren escondrijos ocultos muy dentro de las grietas de los corales. Pero, ¿quiénes son los arquitectos de estos vibrantes mundos subacuáticos? Los **PÓLIPOS DE CORAL**, unos animales tan pequeños como un grano de arena.

TORTUGA VERDE

Los pólipos de coral obtienen su energía y sus bonitos colores de las **ALGAS** que viven dentro de los tejidos del coral. Se benefician mutuamente: las algas alimentan al pólipo y este les proporciona un hogar, que construye milímetro a milímetro.

Los pólipos son unos esforzados constructores que se pegan a las rocas (a veces por millares) formando colonias de capullos, con sus bocas rodeadas de espirales de tentáculos venenosos.

MERO DE CORAL

PULPO DEL DÍA

Los corales duros se forman cuando los pólipos absorben carbonato de calcio (cal) del agua y forman un esqueleto. En un año, los de crecimiento más lento pueden crecer tres milímetros, mientras que los más rápidos llegan a los 100 (¡eso es solo el ancho de la mano de un adulto!).

Por eso, algunos arrecifes han tardado millones de años en formarse.

RELATOS
DE LOS ARRECIFES DE CORAL

Todo el mundo tiene su trabajo en el arrecife: desde el aseado pez anémona ensillado, que mantiene limpia su anémona, al tiburón gris, que patrulla los límites del arrecife. Pero no todo tiene que ser trabajo en esta ciudad de coral: algunos animales parecen estar pasándoselo en grande.

UN MOMENTO DE RELAX

Es la hora del spa para las **TORTUGAS VERDES** de Roca Tortuga, en Borneo. Las tortugas nadan por todas partes para que los pequeños **BLÉNIDOS TRESCOLAS** y los **PECES CIRUJANO** puedan coger algas, parásitos y piel muerta de sus caparazones. Las tortugas anidan en las hoquedades de la roca, cierran los ojos y

...se relajan.

Pero, un momento, ¿qué es todo ese alboroto?

Algunas de las tortugas están formando una cola no muy ordenada, mordisqueándose las aletas las unas a las otras. ¡Qué desastre de atención al cliente!

Al final, a todas les llega su turno.

Los peces se alimentan ¡y las tortugas acaban *divinas de la muerte*!

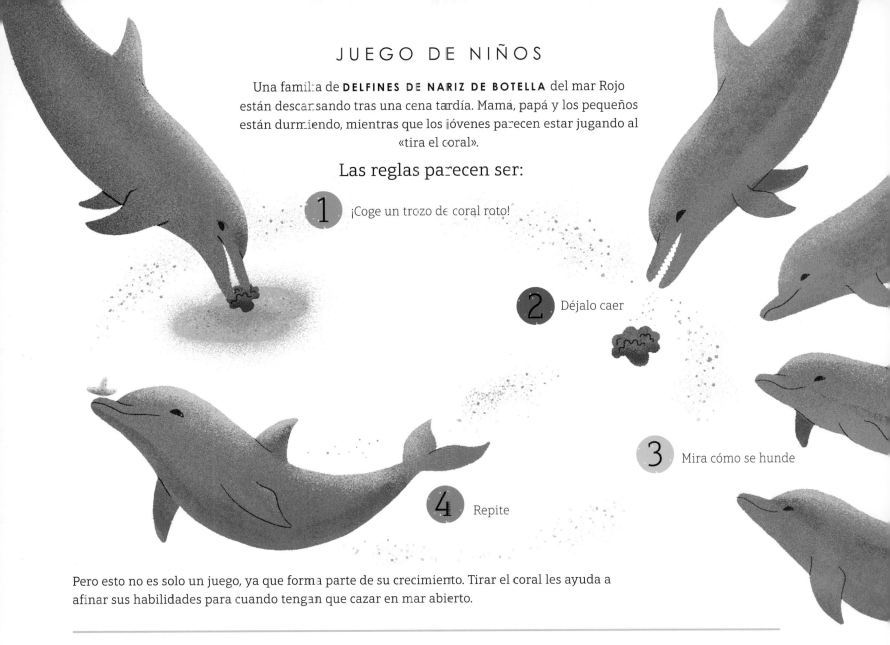

JUEGO DE NIÑOS

Una familia de **DELFINES DE NARIZ DE BOTELLA** del mar Rojo están descansando tras una cena tardía. Mamá, papá y los pequeños están durmiendo, mientras que los jóvenes parecen estar jugando al «tira el coral».

Las reglas parecen ser:

1 ¡Coge un trozo de coral roto!

2 Déjalo caer

3 Mira cómo se hunde

4 Repite

Pero esto no es solo un juego, ya que forma parte de su crecimiento. Tirar el coral les ayuda a afinar sus habilidades para cuando tengan que cazar en mar abierto.

TERROR EN LAS AFUERAS

Las cosas toman un tinte más siniestro al caer la noche en los límites de un arrecife de Indonesia. En las afueras, despejadas y arenosas, un **PEZ LEÓN** ha salido de caza. Parece inquieto. ¿Sospechará acaso que algo percibe cada uno de sus movimientos?

Estaría en lo cierto. El **GUSANO BOBBIT** acecha, con su cuerpo de un metro enterrado en la arena y sus afiladas fauces abiertas de par en par. Pero el pez león no lo ve. Se acerca nadando más y más.

Algo se agita en la arena. Y entonces…

¡ZAS!

El gusano bobbit ataca. Se ha llevado al pez león a su guarida.

El cazador ha sido cazado.

LOS HABITANTES
DE LOS ARRECIFES DE CORAL

CORALES DE TODAS LAS FORMAS

Los arrecifes multicolores de nuestro planeta son el hogar de más de mil especies de corales, duros y blandos. Los corales duros son la columna vertebral de cualquier arrecife; entre ellos se cuentan los corales cerebro, los corales cuerno de ciervo, los corales de dedos y los corales coliflor. ¡No es difícil adivinar por qué tienen esos nombres! Pero el arrecife también brilla y se mece con corales blandos que parecen plantas y hierbas, como el coral árbol, el coral clavel, el coral seta y los abanicos de mar.

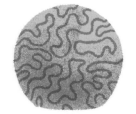

CORAL CEREBRO

CORAL CUERNO DE CIERVO

CORAL COLIFLOR

CORAL DE DEDOS

CORAL CLAVEL

CORAL SETA

ABANICO DE MAR

CORAL ÁRBOL

LOS INTELIGENTES CEFALÓPODOS

Los cefalópodos son unos invertebrados (animales sin espina dorsal) muy inteligentes, entre los que se incluyen los pulpos, los calamares y las sepias. Los calamares y las sepias tienen ocho tentáculos y un par de tentáculos más para alimentarse, que tienen ventosas en la punta. Los pulpos, en cambio, no tienen tentáculos propiamente dichos, sino ocho brazos cortos y fuertes con ventosas que los recorren.

SEPIA MAZUDA

PULPO VENOSO

El inteligente **PULPO VENOSO** camina con sigilo llevando a cuestas su propio escondite: una cáscara de coco.

Las **SEPIAS** son expertas en camuflaje; su piel cambia de color y de patrón para que puedan pasar desapercibidas. En un momento pueden parecer una roca y al siguiente un trozo de alga. La sepia mazuda pone en marcha incluso su propio espectáculo de luces, cambiando de color rápidamente para hipnotizar a su presa.

LA HIPNÓTICA MANTA

Con una envergadura de tres metros, la grácil **MANTARRAYA** surca las aguas sin esfuerzo, y con sus aletas en forma de alas recuerda a un ave volando. Cuando llega la hora de comer, los grupos de mantarrayas nadan en espiral, creando remolinos para cazar. En un buen día, las mantarrayas pueden ingerir 27 kilos de plancton y peces (¡el peso medio de un niño de ocho años!).

MANTARRAYA

BABOSAS MARINAS VENENOSAS

Algunos tipos de **AEÓLIDOS** tienen una defensa oculta. Estos moluscos sin concha toman las células venenosas de los tentáculos de las anémonas, los corales y otros animales venenosos que forman su dieta. Sus babas los protegen del veneno que ingieren, por lo que pueden absorberlo, acumularlo… y después lanzarlo cuando se sienten amenazadas.

PEREGRINA

DRAGÓN AZUL

FLABELLINA

CHORROS MARINOS

ASCIDIA DORADA

Una **ASCIDIA** es un hermoso tubo que se agarra a los corales y las rocas. Se alimenta por filtración: sorbe el agua por una abertura, filtra el plancton y otras partículas para comérselos y expulsa el agua sobrante a través de otra abertura. Cuando están nerviosas, ¡las ascidias pueden llegar a expulsar su propio estómago!

UN PEZ COLMILLO MUY HÁBIL

A la **VIEJA DE COLMILLOS** le encantan las almejas. Pero la tierna carne de los moluscos está resguardada dentro de su dura concha. Por suerte, este pez colmillo tiene la herramienta perfecta. Agarra la almeja con la boca y nada hasta su yunque favorito: una cabeza de coral. Acto seguido, golpea la almeja contra ella hasta que se abre. ¡La comida está lista!

VIEJA DE COLMILLOS

UN DELICADO EQUILIBRIO

A pesar de su vistosidad y su extravagancia, nuestras ciudades de coral son frágiles. El agua debe tener la limpieza y el rango de temperatura que necesitan los arquitectos de los arrecifes: las algas y los pólipos de coral, a los que no les gustan los cambios repentinos. Desgraciadamente, el océano está cambiando muy rápido.

Las aguas contaminadas que se vierten al océano enturbian el mar, por lo que no llega suficiente luz solar para que los corales crezcan. Y el aumento de las temperaturas está volviendo a nuestros océanos mucho más calientes de lo que a los corales les gusta. Eso estresa a los corales, y los arrecifes de todo el mundo están muriendo.

Aun así, una vez al año, un acontecimiento fantástico tiene lugar. Cuando la luna llena brilla sobre el mar en calma, miles de millones de paquetitos parecidos a globos de colores flotan hacia la superficie del océano. Los corales están desovando. Todos a la vez, liberan un saquito con un huevo que es arrastrado por la corriente. Cuando los huevos se fertilizan se convierten en larvas que van a la deriva por el océano buscando una nueva ciudad de coral en la que crecer.

Si conseguimos evitar que los océanos se calienten más, los corales seguirán desovando, dándonos la esperanza de que incluso los arrecifes que ahora se están desmoronando vuelvan a florecer.

BOSQUES SUBMARINOS
UN OCÉANO DE VERDOR

Igual que hay bosques en tierra, un mundo de verdor crece bajo el mar. Los bosques de algas y las praderas marinas, junto con las marismas costeras y los manglares, son algunos de los ecosistemas más importantes (y aun así pasados por alto) de nuestro planeta. Aquí, en estos bosques submarinos, la vida nace, crece y se alimenta.

En aguas frías y de poca profundidad, las frondas verdes se mecen en una delicada danza subacuática. Son los bosques de KELP, unas gruesas algas de un color marrón dorado que se encuentran en una cuarta parte de nuestras costas. Irguiéndose como árboles sobre el fondo marino, estas algas gigantes pueden llegar a crecer 50 centímetros en un solo día, hasta alcanzar alturas de incluso 60 metros.

LOBO MARINO

LANGOSTA

La competencia por el espacio y la comida es feroz: los **LOBOS MARINOS** y los **TIBURONES** nadan sobre el grueso dosel, los **PECES DE ROCA** se deslizan entre los tallos (llamados *estípites*) y las **LANGOSTAS** se esconden entre las raíces de las algas (llamadas *rizoides*).

Otro hábitat importante de las aguas poco profundas puede encontrarse desde los trópicos al Ártico: las **PRADERAS MARINAS**, que se extienden por el lecho marino de manera parecida a las praderas terrestres. En estas aguas iluminadas por el sol se pueden ver **TORTUGAS VERDES** y **DUGONGOS** pastando en las praderas, que mantienen sanas y podadas.

Aunque las praderas marinas pueden ser unas guarderías vitales para los peces jóvenes, algunas de las guarderías más ricas pueden encontrarse en otros tipos de bosques submarinos que bordean las costas: las **MARISMAS SALINAS** y los **BOSQUES DE MANGLAR**. En sus marañas de hierba, raíces y hojas, los alevines pez se esconden de los hambrientos depredadores.

ALITÁN LISTADO

Los bosques de kelp, las praderas marinas, las marismas y los manglares se cuentan entre los hábitats subacuáticos más poblados. Juntos, alimentan la vida marina a lo largo y ancho de nuestro Planeta Azul.

PULPO COMÚN

RELATOS
DE LOS BOSQUES SUBMARINOS

¡AL RICO ERIZO DE MAR!

La mayoría de las **NUTRIAS MARINAS** cazan solas, pero a veces forman balsas gigantes para descansar. Los científicos han avistado grupos de más de mil nutrias flotando juntas, ancladas al fondo marino con tiras de kelp enredadas al cuerpo. Flotan sobre la espalda, con la nariz y las puntas de los pies hacia el cielo. ¡Qué gozada!

Pero, ¿qué es ese ruido? Ñam, ñam, ñam. En los bosques de kelp del Pacífico norteamericano, un ejército de **DIADEMATOIDES**, unos erizos de mar de cuerpos pinchudos como alfileteros, tapizan el fondo marino.

Sus dientes de conejo son muy afilados y han acabado con este bosque de algas, que han dejado flotando a la deriva al comerse las raíces.

Alguien tiene que mantener a raya a estos voraces erizos.

¡Por suerte, un equipo de solícitas nutrias marinas llega al rescate! Estos peluches del mar tienen un enorme apetito y les encantan los diadematoides. Al evitar la propagación de estos erizos de mar, contribuyen a mantener sanos los bosques de kelp.

EL CAMALEÓNICO PULPO

Ocho, nueve y diez … ¡quien no se haya escondido, tiempo ha tenido!

Un **ALITÁN LISTADO** hambriento patrulla el bosque de kelp sudafricano, espiando entre el follaje. Le apetece un buen plato de pulpo marinado.

Sin querer, este **PULPO COMÚN** se encuentra metido en un desagradable juego del escondite.

Por suerte, el inteligentísimo pulpo es el rey del disfraz. Se construye una coraza con conchas y piedras y se queda muy… muy…. quieto.

El tiburón pasa nadando a su lado. Un ojo muy abierto lo mira desde el montón de conchas. Y, envuelto en una nube de tinta…

¡el astuto pulpo logra escapar!

MELÉ DE CANGREJOS ARAÑA

Con un multitudinario *clic-clic*, cientos de miles de **CANGREJOS ARAÑA** corretean por las praderas marinas de Australia. Se suben unos encima de otros, formando grandes montículos de casi 100 metros de largo. ¡Se han reunido para un cambio de ropa!

Estos cangrejos están creciendo, así que necesitan salir de su actual concha. Debajo hay una concha más blanda y ancha, que se endurecerá en pocos días, pero por ahora los cangrejos araña son vulnerables.

Unos hambrientos **PECES TORPEDO** se lanzan en picado sobre ellos. Algunos cangrejos se dispersan, pero la superioridad numérica protege a los que están apiñados.

LOS HABITANTES
DE LOS BOSQUES SUBMARINOS

¡LAS HABICHUELAS MÁGICAS!

¡Los animales que viven en los bosques de kelp deben de tener la sensación de estar rodeados de matas gigantes de habichuelas mágicas! Unas vejigas llenas de gas mantienen erguidas a las algas, que crecen rápidamente hacia el cielo y se extienden por el agua formando un grueso dosel.

DRAGÓN DE MAR

¡PELIGRO, DRAGONES!

¿Es una hoja? ¿Es un caballito de mar? ¡No, es un **DRAGÓN DE MAR**! Con su largo hocico y sus extremidades en forma de hoja, el dragón de mar se camufla perfectamente entre las algas.

LA MANTIS DE LOS MARES

No es una mantis. Ni siquiera es una gamba. Es la velocísima **GAMBA MANTIS**, uno de los depredadores más peligrosos de los bosques submarinos. La gamba mantis, tan larga como la pierna de un niño de cuatro años, es también una gran compañera. Cuando la hembra se prepara para poner los huevos, el macho arrastra a los peces hasta su guarida para alimentar a su hambrienta pareja. Algunas parejas de gamba mantis duran juntas 20 años.

GAMBA MANTIS

EL FANTÁSTICO JARDINERO GARIBALDI

El **GARIBALDI**, de color naranja brillante, es un jardinero muy meticuloso. Cuando llega la hora de anidar con una hembra, corre a limpiar su hogar. Poda las algas, y a los invitados no deseados… los despacha rápidamente. Quita los caracoles uno a uno, ¡**Y NO SE ADMITEN ERIZOS**!

PEZ GARIBALDI

KELP GIGANTE

Un precioso jardín le ayudará también a atraer a la hembra, animándola a poner huevos en su terrenito.

TIBURÓN TIGRE

MERODEANDO POR LAS PRADERAS

Al igual que los grandes felinos de las planicies africanas, los **TIBURONES TIGRE** patrullan las praderas marinas de Australia. Algunos pueden ser más largos que un coche y reciben su nombre de las rayas grises que adornan su recio cuerpo.

TORTUGA VERDE

Las **TORTUGAS VERDES** comen casi dos kilos de algas al día, actuando como cortacéspedes submarinos. Y, con los tiburones tigres cerca, las tortugas están siempre de mudanza, manteniendo así el lecho marino bien arregladito.

DONDE EL RÍO SE UNE AL MAR

Los manglares se encuentran en costas bajas. Algunas de las raíces crecen por encima del suelo y actúan como un tubo de esnórquel, ayudando a los árboles a respirar cuando la marea sube y baja. Estas raíces fúlcreas, del grosor de lápices, estacas o piernas, están cubiertas de poros, como la piel humana.

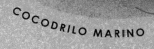

COCODRILO MARINO

MANGLAR

LAS BELLAS Y LAS BESTIAS

Los alevines de **MERO GIGANTE** y otros peces se esconden de peces más grandes, **COCODRILOS** y **AVES** entre las fangosas raíces de los manglares.

MERO GIGANTE

SUPERHÉROES DE LOS MARES

Nuestros bosques submarinos están en peligro. Los estamos arrasando para construir encima y los asfixiamos por la contaminación. Debido a la subida del nivel del mar, a las plantas del lecho marino les llega menos luz… y la necesitan para crecer. La salud de estos bosques submarinos nos afecta a todos.

Las praderas submarinas, los bosques de kelp, los manglares y las marismas capturan y almacenan cantidades sorprendentes de carbono, lo que ayuda a reducir el CO_2 que contribuye al calentamiento global. Y las humildes plantas de nuestros bosques submarinos nutren la vida, de abajo a arriba por toda la cadena trófica. Los bosques submarinos proporcionan alimento al plancton microscópico, que alimenta a los herbívoros, que a su vez alimentan a los más grandes y temibles depredadores del océano. Nuestros bosques submarinos son los superhéroes de los océanos. Y, al igual que los bosques terrestres, nuestros hermosos bosques del mar necesitan que los protejamos.

LAS COSTAS
MUNDOS SIEMPRE CAMBIANTES

Entre la tierra y el mar hay un lugar salvaje y siempre cambiante que no puede ser domado: la costa. A merced de las furiosas olas y las inconstantes arenas, la costa es donde dos mundos chocan.

Cuando el agua de la marea alta da paso a la marea baja, revela maravillas ocultas en los charcos y las orillas.

Para sobrevivir, muchos animales traspasan la frontera entre mareas. Pero no deben distraerse: ¡su mundo cambia tan rápido como las mareas!

ALGAS PARDAS

ESTRELLA DE MAR OCRE

LAPA

Las olas comienzan muy lejos, mar adentro, y se vuelven cada vez más fuertes conforme se acercan a la orilla. Son las grandes escultoras del mar, tallan enormes fortalezas y espectaculares arcos. Hasta las ondas más suaves van socavando la orilla, grano a grano.

Cuando la marea desciende, aparecen playas barridas por el viento, orillas rocosas y oasis en los charcos intermareales. En estos mundos de marea baja, solo los más duros sobreviven.

ANÉMONA GIGANTE
VERDE

MEJILLÓN

DORÍDIDO

Golpeada primero por las olas y después varada por la marea baja, la vida aquí ha tenido que aprender a adaptarse. Durante unas horas al día, los charcos intermareales son un frenesí en el que los animales costeros se deslizan, corretean y chapotean para llenarse la panza antes de que vuelva la marea.

Este es el curioso mundo de nuestras costas.

CANGREJO
ERMITAÑO

RELATOS
DE LAS COSTAS

PELEA DE ELEFANTES MARINOS

En las orillas de la isla atlántica de Georgia del Sur, este **ELEFANTE MARINO DEL SUR** es el rey de la playa. Con un peso equivalente a ocho pianos de cola, a esta humeante muralla de grasa le gusta dormitar con sus parejas. Pero estos **PINGÜINOS REY** necesitan pasar a través de ellos. Con tantos gigantes durmientes, no pueden pasar por encima, ni tampoco por debajo.

Con cuidado, los pingüinos pasan de puntillas entre ellos.

De repente, se oye un gorjeo gutural. El jefe de los elefantes marinos está despierto. Otro se acerca corriendo: viene a desafiarlo. ¡Y los pingüinos están en medio!

Los pingüinos oscilan de izquierda a derecha, intentando esquivarlos.

Con cada golpe, cada porrazo y cada mordisco, el suelo tiembla.

Finalmente, el jefe de la playa se alza vencedor y, entre todo ese alboroto, los pingüinos se alejan lo más rápido que pueden.

A POR ESE CANGREJO

Estas ágiles **ZAYAPAS** están calentando motores. Cuando la marea baje, a 100 metros de la orilla aparecerá un festín de algas. Va a empezar la carrera entre las rocas para llegar hasta la meta. Pero si estos cangrejos de roca parecen asustados es porque lo están. Entre ellos y su almuerzo hay… un puñado de sigilosos depredadores. Y es que siempre hay algo acechando en el agua.

Preparados, listos... ¡ADELANTE, cangrejillos!
Las zayapas corren, saltando de roca en roca, intentando no tocar el agua.

Una **MORENA CADENA** surge de las aguas, pero no alcanza a los cangrejos y cae en plancha de vuelta al agua.

¡Chaf!

Un cangrejo asustado entra en un charco. ¡Nada, zayapa, nada! Trepa por las resbaladizas rocas… pero ningún lugar es seguro.

Un pulpo se desliza por una grieta, con su cuerpo golpeteando las rocas.

¡ESTÁ DETRÁS DE TI, ZAYAPA!

El cangrejo se escabulle, pero justo cuando salta a una roca… otra morena lo agarra por la pata. ¿Será el fin? ¡No! Por suerte, de una sacudida, la zayapa consigue liberarse.

¡Come ahora, zayapa! Cuando la marea vuelva a bajar, tendrás que empezar de nuevo.

A LA DERIVA EN UN MAR HELADO

Las morsas viven en la parte más alta del globo terrestre, en el gélido océano Ártico. Es un mundo que se está derritiendo. Las temperaturas marinas en ascenso están reduciendo el grueso hielo marino en que las mamás morsa siempre han cuidado a sus crías.

Cuando el hielo se vuelve tan fino que se rompe bajo su peso, cientos de competitivas madres se ven obligadas a probar suerte en tierra.

Muy juntas entre sí, y con nubes de vapor brotando de sus cuerpos, las morsas huelen el peligro en el horizonte y el pánico se extiende entre la colonia.

Osos polares.

Las osas también tienen cachorros que alimentar y las crías de morsa están en peligro.

Las morsas chillan para dar la voz de alarma y se lanzan frenéticamente al mar, peleándose por el poco hielo que queda.

Pero cada vez quedan menos bloques de hielo, y están más alejados entre sí…

La necesidad de nadar a un lugar seguro se vuelve desesperada.

La cabeza de una madre asoma fuera del agua, buscando refugio, mientras su cría empieza a hundirse bajo las olas. La madre sostiene al bebé entre las aletas para mantenerlo a flote, pero está agotada.

Al límite de sus fuerzas, la madre y la cría encuentran al fin un bloque vacío. Justo a tiempo. Con un último empujón, consiguen subirse encima del hielo.

Por el momento están seguras, juntas.

LOS HABITANTES
DE LAS COSTAS

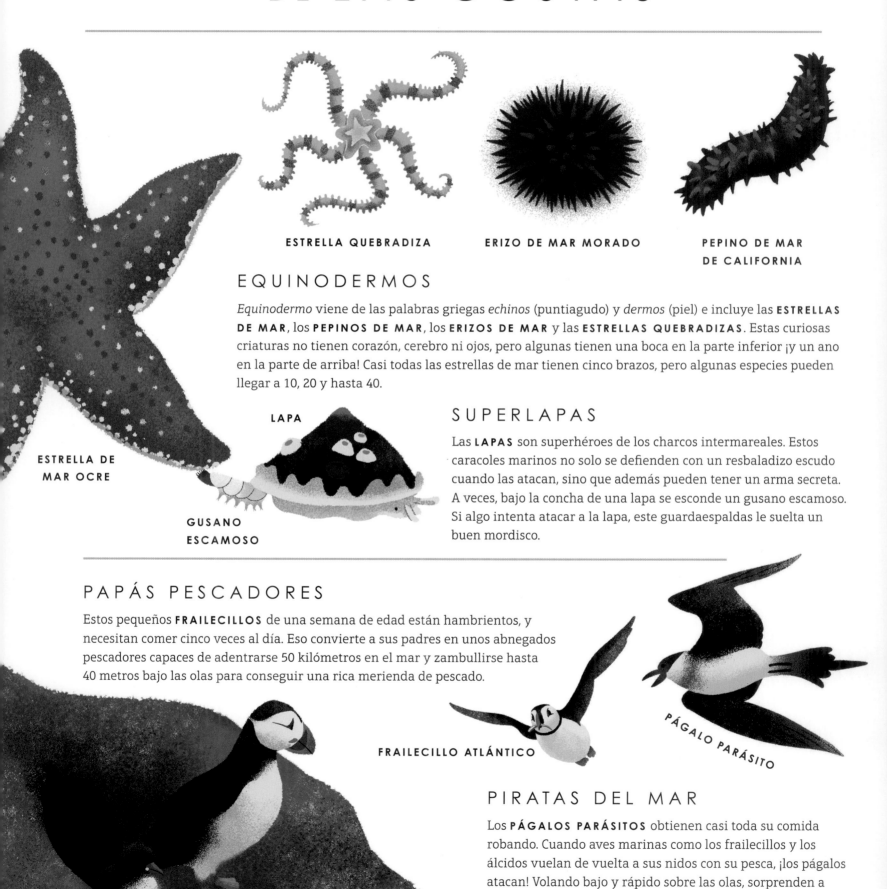

ESTRELLA QUEBRADIZA

ERIZO DE MAR MORADO

**PEPINO DE MAR
DE CALIFORNIA**

EQUINODERMOS

Equinodermo viene de las palabras griegas *echinos* (puntiagudo) y *dermos* (piel) e incluye las **ESTRELLAS DE MAR**, los **PEPINOS DE MAR**, los **ERIZOS DE MAR** y las **ESTRELLAS QUEBRADIZAS**. Estas curiosas criaturas no tienen corazón, cerebro ni ojos, pero algunas tienen una boca en la parte inferior ¡y un ano en la parte de arriba! Casi todas las estrellas de mar tienen cinco brazos, pero algunas especies pueden llegar a 10, 20 y hasta 40.

LAPA

SUPERLAPAS

Las **LAPAS** son superhéroes de los charcos intermareales. Estos caracoles marinos no solo se defienden con un resbaladizo escudo cuando las atacan, sino que además pueden tener un arma secreta. A veces, bajo la concha de una lapa se esconde un gusano escamoso. Si algo intenta atacar a la lapa, este guardaespaldas le suelta un buen mordisco.

**ESTRELLA DE
MAR OCRE**

**GUSANO
ESCAMOSO**

PAPÁS PESCADORES

Estos pequeños **FRAILECILLOS** de una semana de edad están hambrientos, y necesitan comer cinco veces al día. Eso convierte a sus padres en unos abnegados pescadores capaces de adentrarse 50 kilómetros en el mar y zambullirse hasta 40 metros bajo las olas para conseguir una rica merienda de pescado.

PÁGALO PARÁSITO

FRAILECILLO ATLÁNTICO

PIRATAS DEL MAR

Los **PÁGALOS PARÁSITOS** obtienen casi toda su comida robando. Cuando aves marinas como los frailecillos y los álcidos vuelan de vuelta a sus nidos con su pesca, ¡los págalos atacan! Volando bajo y rápido sobre las olas, sorprenden a estas aves para robarles su botín recién pescado.

PINGÜINOS INTRÉPIDOS

Existen dieciocho tipos de pingüinos y casi todos viven en el hemisferio sur (salvo los pingüinos de las Galapagos, que viven justo al norte del ecuador). Estas aves no voladoras tienen aletas en vez de alas, y aunque son torpes en tierra, son muy veloces en el mar.

Los **PINGÜINOS EMPERADOR** de la Antártida pueden con todo lo que les echen: llegan a soportar temperaturas de -40 ºC apiñándose en grupos. También son altos, pueden alcanzar la altura de un niño de seis años.

PINGÜINO BARBIJO

PINGÜINO PAPÚA

PINGÜINO EMPERADOR

Los **PINGÜINOS BARBIJO** deben su nombre a la tira de plumas negras que tienen bajo la barbilla (*barbijo* significa mascarilla en algunos países de Latinoamérica).

Los **PINGÜINOS PAPÚA** pueden zambullirse hasta 450 veces al día y nadan tres veces más rápido que un nadador olímpico de crol.

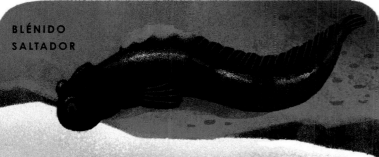

BLÉNIDO SALTADOR

COMO PEZ FUERA DEL AGUA

El **BLÉNIDO SALTADOR**, de ocho centímetros de longitud, pasa la mayor parte de su vida fuera del agua. El macho se aventura un metro por encima de la línea de la marea baja, una hazaña similar a escalar por un acantilado. Allí, forma su nido entre las deliciosas algas. Pero también necesita llamar la atención de la hembra que está comiendo más abajo, para que trepe hasta allí y ponga sus huevos. ¡Para convencerla, solo necesita enseñarle su atractiva aleta naranja!

MUNDOS ENFRENTADOS

Actualmente, millones de humanos se agolpan en las costas. Mucho antes de que acudiéramos en masa a ellas, los animales se reunían en las orillas salvajes de la Tierra… y aún lo hacen.

En Palm Beach (Florida, Estados Unidos), multitud de turistas comparten la playa con diez mil tiburones de puntas negras y tiburones aleta negra. Se trata de uno de los mayores encuentros de tiburones del planeta, que necesitan descansar antes de seguir su viaje al norte.

Por cada acantilado virgen, se edifican incontables bloques de apartamentos. Y por cada cala desierta, hay un centro comercial interminable. Los animales costeros no solo deben adaptarse a la difícil vida entre la subida y la bajada de las mareas. También tienen que aprender a lidiar con nuestro mundo humano, su contaminación y su constante desarrollo. Nuestros estilos de vida son incompatibles, pero aún no es demasiado tarde para que los humanos y la naturaleza vivamos en armonía.

EL GRAN AZUL

EL INTERIOR DEL OCÉANO

El lugar más apartado del planeta no está en la cumbre de una montaña,
sino en alta mar, en la vastedad que llamamos el Gran Azul.

Lejos de las bulliciosas costas, el Gran Azul es un desierto oceánico, vasto
y aparentemente vacío. En él, la comida es escasa y se halla en lugares
muy espaciados. Pero, de vez en cuando, el Gran Azul explota de vida,
cuando la noticia de enormes bancos de peces atrae en masa a algunos
de los mayores depredadores del océano.

DELFÍN TORNILLO

La inmensidad del Gran Azul puede ser un refugio seguro para los más jóvenes. Correteando con sus aletas, las crías de tortuga verde se dirigen de la superpoblada costa al mar abierto. Algo tan sencillo como un tronco flotante puede convertirse en un refugio, donde las tortugas pueden alimentarse de pequeñas algas, percebes y crustáceos. Pero tendrán que estar atentas… los grandes depredadores nunca andan lejos, incluso aquí.

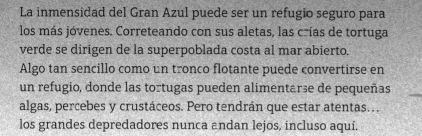

TORTUGA VERDE

Los grandes mamíferos, como las ballenas y los delfines, migran de punta a punta del océano, recorriendo largas distancias para alimentarse. Los tiburones y los verdaderos velocistas del océano, los peces vela, surcan rápidamente las aguas y se abalanzan sobre sus presas.

En este increíble hábitat, a miles de kilómetros de tierra firme, tanto los más jóvenes del océano como sus mayores habitantes emprenden su odisea por el Gran Azul.

RELATOS
DEL GRAN AZUL

GIGANTES DURMIENTES

La mamá **CACHALOTE** está descansando cabeza abajo,
como si hiciera el pino dentro del agua. Al igual que
otras hembras de su rebaño, es capaz de mantenerse en
esta postura durante quince minutos.

Inmóvil y majestuosa.

Pero esta mañana no hay tiempo para descansar: su hambrienta cría quiere leche. De mala gana, la madre abre un ojo, somnolienta. Para amamantar a su cría, necesita comer. Se sumerge, como un submarino, abajo, abajo, abajo, hacia la oscuridad, usando un sónar para cazar un banco de calamares…

Clic,

clic,

clic.

Conforme desciende, sus chasquidos se vuelven más rápidos.

Clic

    clic

    clic

    clic

    clic.

Luego, silencio.
El desayuno ha comenzado.

Con la barriga llena de calamares, la madre vuelve a la superficie a tiempo para que la cría disfrute de su leche.

EL DESPERTAR DE LOS MARES
Una gran comitiva se dirige a la bahía de Monterrey, en la costa oeste de los Estados Unidos.

Cuando el sol del verano toca las olas, el mar florece con nubes de diminutas algas llamadas **FITOPLANCTON**. Millones de **BOQUERONES** han venido a alimentarse y tras ellos van los hambrientos **DELFINES** y **LEONES MARINOS**. Las **AVES MARINAS** se zambullen en picado y cada cual llena la panza a su manera.

De pronto… resuena un profundo gemido bajo las olas. Se hace un gran estruendo…

… y una gigantesca **BALLENA JOROBADA** irrumpe en la superficie.

El agua cae en cascada por su lomo tachonado de percebes y 100 kilos de pescado se filtran por sus barbas, un peso casi igual al de los delfines que pasan zumbando a su alrededor.

Las algas microscópicas han provocado una reacción en cadena: una descomunal migración marina que alimentará la vida a lo largo y ancho del océano.

LOS HABITANTES
DEL GRAN AZUL

MATONES Y VIAJEROS DEL OCÉANO

El Gran Azul puede parecer vacío, pero es un lugar de constante movimiento. Descubre algunas de las más grandes bestias que surcan las autopistas oceánicas.

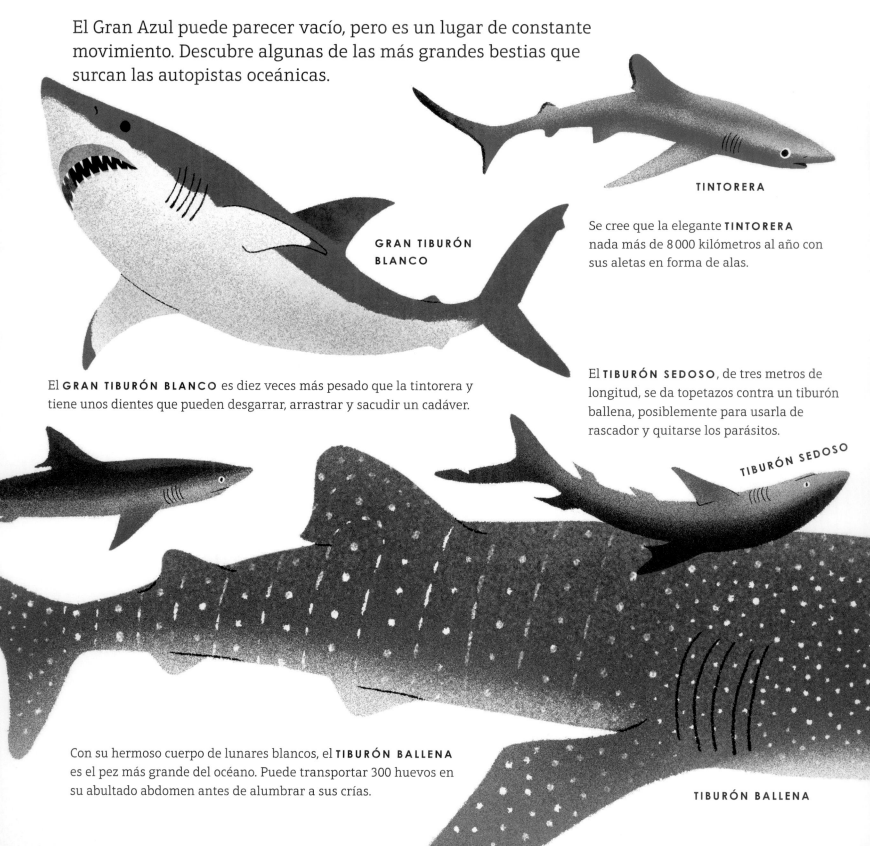

GRAN TIBURÓN BLANCO

TINTORERA

Se cree que la elegante **TINTORERA** nada más de 8 000 kilómetros al año con sus aletas en forma de alas.

El **GRAN TIBURÓN BLANCO** es diez veces más pesado que la tintorera y tiene unos dientes que pueden desgarrar, arrastrar y sacudir un cadáver.

El **TIBURÓN SEDOSO**, de tres metros de longitud, se da topetazos contra un tiburón ballena, posiblemente para usarla de rascador y quitarse los parásitos.

TIBURÓN SEDOSO

Con su hermoso cuerpo de lunares blancos, el **TIBURÓN BALLENA** es el pez más grande del océano. Puede transportar 300 huevos en su abultado abdomen antes de alumbrar a sus crías.

TIBURÓN BALLENA

LOS CNIDARIOS NÓMADAS

Cnidario significa «animal que pica», y entre ellos se encuentran las medusas, los sifonóforos y las anémonas de mar. Las medusas pueden cruzar todo un océano alimentándose de todo aquel que se enrede en los tentáculos que arrastran.

CARABELA PORTUGUESA

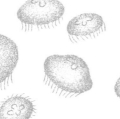

Algunos tienen un aspecto psicodélico, como la **MEDUSA COMÚN**, que se eleva y palpita en el agua como las burbujas de una lámpara de lava. Otros cnidarios te dan una descarga eléctrica por la columna vertebral.

La **CARABELA PORTUGUESA** parece una medusa, pero es un sifonóforo, una colonia de pequeños cuerpos pegados entre sí. Levanta su vela iridiscente y cabalga las olas como un velero mortífero, con sus tentáculos flotando detrás. Este mortífero sedal pica y paraliza a sus presas, a las que recoge, licúa con sus potentes sustancias químicas y luego digiere.

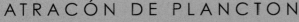

MEDUSA COMÚN

ATRACÓN DE PLANCTON

El plancton está formado por diminutas plantas (fitoplancton) y diminutos animales (zooplancton). Visto desde el cielo, el **FITOPLANCTON** se extiende por el agua como manchas de tinta de color turquesa. Estas algas microscópicas necesitan la luz solar para crecer. El **ZOOPLANCTON** (peces, camarones y medusas de tamaño diminuto) se alimenta de fitoplancton y los otros depredadores mayores se alimentan de zooplancton. Así, el diminuto fitoplancton inicia un proceso que alimenta la vida por toda la cadena alimentaria marina hacia arriba.

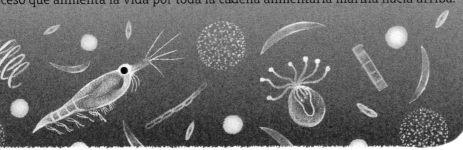

ALBATROS VIAJERO

NAVEGACIÓN POR SATÉLITE

El **ALBATROS VIAJERO** tiene la mayor envergadura de todas las aves del planeta: 3,5 metros, el doble de ancho que algunos coches. Mejor aún, tiene un sistema de geolocalización incorporado en el cerebro que le ayuda a encontrar su lugar de anidación año tras año. Cada año, unos 2.500 albatros viajeros regresan a la isla Georgia del Sur, en el océano Atlántico Sur, donde muchos crían a sus blancos polluelos.

CAMINO SIN RETORNO

Aunque resulta difícil creer que un hábitat acuático tan vasto, profundo e inexplorado pueda verse afectado por el mundo humano... así es. Desde el calentamiento de los mares a la sobrepesca y la contaminación marina, estamos poniendo en peligro la salud de nuestros océanos.

Aproximadamente ocho millones de toneladas de desperdicios plásticos llegan cada año a nuestros océanos, el equivalente a un camión de basura por minuto. Estos plásticos se enredan en las aletas, el cuello y el pico de muchos animales marinos y los asfixian. La erosión del sol y de las olas, además, hace que la basura plástica se descomponga en trocitos del tamaño del confeti, e incluso en partes más pequeñas, llamadas microplásticos (de menos de cinco milímetros), que flotan en la superficie del agua o acaban en la orilla. Allí, más de 220 especies marinas, desde aves hasta peces y crustáceos, los confunden con comida y se los tragan. Las consecuencias afectan a toda la cadena alimentaria, hasta arriba del todo. O sea, nosotros. Sin saberlo, estamos ingiriendo miles de trocitos de microplásticos al año, con los animales marinos que nos comemos. Estamos poniendo en peligro el océano y nuestra propia vida.

Pero también estamos cambiando.

Estamos rechazando los plásticos de un solo uso. Estamos reutilizando y reciclando. Estamos trabajando juntos para proteger los océanos. Al fin y al cabo, este Planeta Azul es el único hogar de casi ocho mil millones de seres humanos y de un número incontable de otras especies, muchas de las cuales se descubren cada día. Es un hogar que necesitamos proteger.

¡LLAMANDO A LOS HÉROES DEL OCÉANO!

En todas partes del mundo hay seres humanos muy comprometidos con la protección de nuestro planeta. Y hay héroes que están dedicando su vida a defender nuestros océanos. Te contamos algunas de las formas en que los científicos están aprendiendo más cosas sobre los mares, para que podamos convertirlos en un lugar mejor.

ESCUCHAR

El científico Steve Simpson ha descubierto que los peces charlan durante todo el día, emitiendo sonidos para asustar a sus depredadores y atraer a sus parejas. Solo ahora estamos empezando a conocer este idioma submarino, y Steve trabaja con un micrófono subacuático para poder escuchar todos esos mordiscos, crujidos y chasquidos bajo el agua. Conforme los mares se vuelven más ruidosos con el estruendo de las hélices y de las perforaciones en alta mar, a los peces les cuesta más hacerse escuchar, y a los alevines encontrar un arrecife donde vivir. Pero cuanto mejor comprendamos el impacto que estamos causando, antes podremos bajar el volumen.

RASTREAR

Los científicos usan sistemas de vigilancia para seguir a los animales y conocer sus hábitos, desde dónde se alimentan a lo lejos que viajan para encontrar comida. La zoóloga Lucy Quinn ha usado rastreadores para descubrir por qué la población de albatros viajeros está disminuyendo en uno de sus principales lugares de anidación, la pequeña isla de Georgia del Sur, cerca de la Antártida. Descubrió que los albatros adultos están confundiendo los plásticos con comida, y que los llevan desde el mar hasta sus nidos para alimentar a sus crías.

Los científicos están intentando entender cómo podría estar afectando a los albatros el alimentarse con plastico, y recogen datos para encontrar lugares con una alta concentración de plásticos.

EXPLORAR

Con tanto océano por explorar, el científico Jon Copley emprende audaces incursiones en el mar con un minisubmarino para descubrir los secretos que se ocultan en el lecho marino. Ha avistado seres que no esperaba en las aguas casi congeladas de la Antártida, desde nuevas criaturas en fuentes hidrotermales, como el cangrejo yeti, hasta esponjas gigantes de dos metros de altura.

Gracias a estas expediciones, los científicos encuentran nuevas criaturas y hábitats que necesitan nuestra protección.

PROTEGER

El número de ejemplares de la tortuga más grande que existe, la tortuga laúd, ha disminuido catastróficamente con los años. Pero en la isla caribeña de Trinidad ha nacido la esperanza. Hace algunas décadas, la gente vendía estas tortugas para producir carne y cuero, y se comía sus huevos. Hasta que el conservacionista Len Peters se autoproclamó guardaespaldas de las tortugas. Todas las noches, Len patrullaba la playa de su pueblo para proteger los nidos. Junto con su comunidad, ha ayudado a cambiar la suerte de estas tortugas. En 1990, apenas 30 tortugas laúd desovaban por las noches en la playa de Len y en una bahía cercana.

Actualmente, cerca de 500 tortugas laúd acuden allí para poner sus huevos… ¡todo un éxito de la conservación!

TU
PLANETA AZUL

Hay algunas cosas sencillas que todos podemos hacer, a diario,
para ayudar a nuestro Planeta Azul.

AHORRA ENERGÍA

Intenta reducir tu uso de energía: la próxima vez que tengas frío, abrígate en vez de
encender la calefacción. Apaga las luces cuando no estés en una habitación y desenchufa
los aparatos eléctricos cuando no los utilices. Todo esto hará que uses menos energía y así
habrá menos dióxido de carbono (CO_2) en el aire, el causante de que la Tierra se caliente.

CUIDA LOS PULMONES DEL PLANETA

Los árboles pueden absorber CO_2 y emitir oxígeno. Cuantos más plantemos y
cuidemos, más protegeremos nuestro planeta del calentamiento global.

OBSERVA LA VIDA MARINA

Puedes ayudar a los científicos a entender lo que está pasando con las poblaciones de
animales. Desde avistar aves hasta observar peces y mamíferos, o contar los diferentes
tipos de alga de la playa, juntos podemos ayudar a reunir nuevos datos.

DI ADIÓS AL PLÁSTICO

La basura del suelo puede llegar a las alcantarillas, y por tanto al mar, y acabar así en la barriga
de los animales salvajes. El plástico tarda cientos de años en descomponerse. Por eso, en todos
los continentes, los gobiernos están empezando a prohibir los plásticos de un solo uso, como las
bolsas de plástico de las tiendas.

REDUCE, REUTILIZA, RECICLA

Intenta reducir la cantidad de plástico que usas, utilizando botellas reutilizables para beber
y rechazando las pajitas de plástico. En vez de tirar cosas, podemos compartirlas con todos,
para que los juguetes y la ropa usados tengan nuevos dueños. Las cosas que no puedan
reducirse ni reutilizarse, deben reciclarse por separado. Eso evitará que acaben en
vertederos y les dará una nueva vida: el cartón se puede convertir en papel y los restos de
fruta y verdura pueden compostarse para formar abono.

Vista desde el espacio, la Tierra parpadea por la noche como las estrellas de la galaxia que nos rodea. Actualmente, el entramado de luces de la Tierra brilla cada vez más en lugares donde antes había oscuridad, y nuestras huellas se extienden por todo el planeta. Pero, cada día que pasa, más personas encontramos formas de vivir con un mayor respeto por nuestro hogar.

El cambio empieza así: como una onda en alta mar que se convierte en una ola y crece más y más, hasta que llega con atronadora fuerza hasta la orilla.